Inhalt

Frankreichs Energiemarkt - Ohne Kernenergie wäre der Winter frostig

Kernthesen

Beitrag

Fallbeispiele

Zahlen und Fakten

Weiterführende Literatur

Impressum

Frankreichs Energiemarkt - Ohne Kernenergie wäre der Winter frostig

Autor GENIOS BranchenWissen: A.SchneiderAutor GENIOS BranchenWissen: A.Schneider

Kernthesen

- Atomstrom deckt den Energiebedarf der Franzosen zu drei Vierteln. Anfang November waren jedoch 18 der 58 Kernkraftwerke außer Betrieb - so könnte Frankreich in den Wintermonaten vom traditionellen Stromexporteur zum - importeur werden.
- Frankreichs Energiemarkt gilt als abgeschottet. Marktbeherrschend sind EDF auf dem Stromsektor und GDF Suez auf

dem Gasmarkt. Doch auf Druck der EU-Kartellbehörde mussten beide Konzerne nun Zugeständnisse machen, die in der Zukunft für mehr Wettbewerb auf dem französischen Energiemarkt sorgen sollen.

- Wegen des steigenden Energiebedarfs und der Klimaschutzdebatte werden nach Expertenschätzungen weltweit bis zum Jahr 2030 rund vierhundert neue Atomkraftwerke gebaut mit einem Investitionsvolumen von einer Billion Euro. Eine Studie des Schweizer Prognos Instituts vom Oktober 2009 bestreitet dies vehement mit Hinweis auf die starke Überalterung des weltweiten Kraftwerkparks.

Beitrag

Atomstrom ist Frankreichs Energieträger Nummer Eins zur Erzeugung von Elektrizität

Frankreich liebt die Unabhängigkeit, das wissen wir spätestens seit der Französischen Revolution. Das gilt

auch für die Energieversorgung. Im Land selbst gibt es allerdings nur wenige Bodenschätze - außer Wasser. Den Zugriff auf Uran hat sich Frankreich in den verschiedensten Regionen der Welt rechtzeitig gesichert. Das erste Atomkraftwerk wurde im Jahre 1956 errichtet. Und seit dem Ölpreisschock der 70er-Jahre setzt die Nation konsequent auf die Nuklearenergie und machte sich so in der Energieversorgung weitgehend unabhängig.
Ohne Kernkraft läuft in Frankreich fast nichts. Atomstrom deckt den Energiebedarf der Franzosen zu drei Vierteln. Mit 58 Kernkraftwerken nimmt Frankreich weltweit einen Spitzenplatz ein. Ein weiteres baut der Staatskonzern EDF derzeit in Flamanville in der Normandie, ein zweites im nordfranzösischen Penly ist in Planung, so kündigte es Präsident Nicolas Sarkozy im Sommer 2008 an. [Abb. 1], [Abb. 2]

Die Franzosen sind daran gewöhnt und leisten nur wenig Widerstand. Zwar arbeitet das Land auch an alternativen Energien, doch ein Atomausstieg wie in Deutschland steht nicht zur Debatte. Klar, denn die Stromrechnung erschüttert die Franzosen kaum. Sie genießen einen staatlich fixierten Preis, einen der niedrigsten Strompreise Europas, denn die Selbstkosten der französischen Energieproduktion sind im internationalen Vergleich sehr niedrig. Der so genannte blaue Tarif bringt dem staatlichen

Energieversorger EDF nur 34 Euro je MW/h ein.

Die diversen Scharmützelchen, wie sie sich etwa alljährlich zwischen Russland und der Ukraine und den gasabhängigen EU-Ländern abspielen, lassen die Franzosen regelmäßig kalt. Doch trotzdem könnte es in den französischen Haushalten bald frostig werden. Denn ein Teil der französischen Atomkraftwerke ist veraltet, nicht ausreichend gewartet und daher immer wieder oder sogar ganz außer Betrieb. Anfang November waren 18 der 58 Kernkraftwerke nicht am Laufen. Experten warnen, dass die durchschnittliche Verfügbarkeit der Kernkraftwerke in diesem Jahr voraussichtlich auf rund 78 Prozent fallen wird. Der Grund: Üblicherweise produzieren Nuklearreaktoren auf einem konstanten Niveau und decken so die Grundlast der Nachfrage ab. Frankreich hat jedoch nur wenige Kohle-, Gas- oder Ölkraftwerke, um die Spitzennachfrage morgens und abends zu befriedigen. Daher fährt EDF seine Kernkraftwerke ständig hoch und runter. Ein höherer Verschleiß ist der Preis dafür. (1)

In einem langen, kalten Winter wird das zum Problem. Denn dann kann der Energiebedarf der zahlreichen Stromheizungen (rund 30 Prozent aller französischen Haushalte heizen mit Elektrizität, bei Neubauten noch mehr!) nicht mehr aus eigenem Atomstrom gedeckt werden und das Land muss

Strom aus seinen Nachbarländern importieren. Das ist hart für ein Land, das sich international die Führerschaft in der Kernenergie erarbeiten will und seit Jahren Atomtechnik, -dienstleistungen und -strom im Wert von rund sechs Milliarden Euro exportiert.

Ein Beispiel: Das Kernkraftwerk Phönix in Marcoule wurde kürzlich abgeschaltet. Dort führten Physiker bis November 2009 Experimente zum Neutronenfluss, der Thermohydraulik und Sicherheitsexperimente durch. Jetzt werden nach und nach 300 Brennelemente abgebaut und für einen Weitertransport in die Wiederaufbereitungsanlage La Hague zwischengelagert. Nach der Stilllegung von Phönix werden laut dem französischen Zentrum für Atomenergie (CEA) die Bestrahlungsexperimente in Versuchsreaktoren im Ausland und am Forschungsreaktor Jules Horowitz, der 2014 in Cadarache in Betrieb genommen werden soll, weitergeführt. Schnellbrüter-Kraftwerke sind für Frankreich die Referenzreaktoren für die Entwicklung von Reaktoren der vierten Generation. Der für 2020 erwartete französische Prototyp könnte demzufolge die Nachfolge von Phönix antreten.

EU erzwingt Öffnung des abgeschotteten französischen

Energiesektors

Mit der nationalen Energieversorgung hält es der französische Staat ähnlich wie mit der französischen Sprache: möglichst wenig Einfluss von außen. Zwar gilt Frankreichs Energiemarkt formal seit Juli 2007 als geöffnet, doch die Praxis sieht anders aus. Immer wieder fallen auch unter der Politik von Nicolas Sarkozy Entscheidungen gegen ausländische Investoren. Die strategisch wichtigen Energieversorger sollen in Frankreich gehalten und zu nationalen, oder sogar internationalen Champions ausgebaut werden. Selbst der Chef des französischen Gasriesen GDF, Gérard Mestrallet, räumt ein: "Es stimmt, dass in keinem westlichen Land ein Wettbewerber mehr als 65 Prozent des Marktes kontrolliert. Das gibt es nur in Frankreich." (2) Auch bei Areva, dem französischen Kraftwerksbauer, wurde jetzt eine rein französische Lösung gefunden. Areva trennt sich von seiner Stromtransportsparte Transmission & Distribution (T&D). Das Unternehmen stellt Schaltfelder, Transformatoren und schlüsselfertige Netzstationen zur Stromübertragung- und Verteilung her. Als Käufer beworben hatten sich die amerikanische General Electric, die japanische Toshiba - mit dem höchsten Gebot - und die französischen Anlagenbauer Alstom und Schneider. Die Entscheidung ist gefallen: zum Zug kommen - Alstom und Schneider. Der französische Staat, der mit über 90 Prozent an Areva beteiligt ist, begrüßte die Entscheidung. (3)

Tonangebend auf dem französischen Strommarkt ist der Staatskonzern Electricité de France (EDF). Das Staatsunternehmen hat einen Marktanteil von 90 Prozent, bei Privatkunden sogar 94 Prozent. Und prompt geriet EDF unter Beschuss der EU-Kartellbehörde. Brüssels eiserne EU-Wettbewerbskommissarin Neelie Kroes leitete ein Kartellverfahren gegen den Versorger sein. Inzwischen zeigt sich der Staatskonzern kompromissbereit. EDF will 65 Prozent der an Großkunden gelieferten Strommenge für den Wettbewerb freigeben, sich verpflichten, die Vertragslaufzeit mit gewerblichen Kunden auf maximal fünf Jahre zu begrenzen und Großkunden die Möglichkeit einräumen, Strom weiterzuverkaufen. Das französische Parlament soll Anfang 2010 das Reformprojekt Nome (Nouvelle Organisation du marché delectricité) verabschieden. Es hat zwei Kernpunkte: Zum einen soll Ex-Monopolist EDF einen Teil seiner Atomstromkapazitäten zu einem vom Staat festgelegten Preis an die Konkurrenten verkaufen. Zum anderen soll ein Teil der regulierten Tarife ab 2015 verschwinden. (4)

Absolut beherrschend auf dem französischen Gasmarkt ist die GDF Suez. Sie ist der größte

Gaslieferant in Europa und die Nummer fünf im Geschäft mit Strom. Jahrelang buchte der Gasanbieter die französischen Leitungskapazitäten auf sehr lange Zeit vollständig aus und hielt so jegliche Wettbewerber fern. Dies missfällt den EU-Wettbewerbshütern bereits seit Mai 2006 und führte vor zwei Jahren dazu, dass ein förmliches Kartellverfahren gegen GDF Suez eröffnet wurde. 2010 soll nun die Öffnung des französischen Gasmarkts beginnen. GDF Suez verpflichtete sich dazu, etwa zehn Prozent der französischen Gas-Import-Kapazitäten (Pipeline-Gas und Flüssiggas) schon 2010 und 2011 für Wettbewerber freizugeben. Bis 2014 werde GDF Suez seinen Anteil an den langfristigen Importkapazitäten auf unter 50 Prozent senken. Diese Schwelle dürfe GDF Suez bis 2024 nicht mehr überschreiten. (5)
Brüssel zeigt sich zufrieden und stellt die laufenden Kartellverfahren gegen EDF und GDF Suez ein.

Exkurs: Das Weihnachtsmärchen vom Atomboom

Wegen des steigenden Energiebedarfs und der Klimaschutzdebatte werden nach Expertenschätzungen bis zum Jahr 2030 rund 400 neue Atomkraftwerke gebaut mit einem Investitionsvolumen von einer Billion Euro. Eine

Studie des Schweizer Prognos Instituts vom Oktober 2009 bestreitet dies vehement.

Bis Ende der 1980er Jahre stieg die Zahl der Kernkraftwerke stetig an und erreichte im Jahre 1989 einen vorläufigen Höhepunkt mit 423 für die Stromproduktion genutzten Reaktoren. Doch Fakt ist, dass sich seit 1989 das Wachstum der Kernreaktoren deutlich verlangsamt hat. Im Jahr 2002 waren noch 444 Reaktoren am Netz. Heute sind es weltweit 436. Im Jahr 2008 wurde erstmals seit den 1960er Jahren weltweit kein neues Kernkraftwerk in Betrieb genommen.

Inzwischen ist in der Presse immer wieder von Renaissance und Bauboom bei Atomkraftwerken zu lesen. Mehr als 50 Kernkraftwerke werden derzeit auf der Welt gebaut. Allein China errichtet zwölf neue Anlagen. Als einziges westeuropäisches Land außer Frankreich realisiert Finnland derzeit einen neuen Kernreaktor. Wegen zahlreicher Pannen sind die Kosten jedoch explodiert. Statt in diesem Jahr soll der Meiler nun frühestens 2012 anlaufen. Auch Polen, England, Italien und die Schweiz stehen in den Startlöchern. Der Atomaufsicht in den USA liegen Anträge für 32 neue Kernkraftwerke vor. Die USA betreiben 104 Kernkraftwerke und sind damit absoluter Spitzenreiter. Ein Drittel des weltweiten Atomstroms wird dort erzeugt.

Doch ein großes Problem der bestehenden Meilergeneration darf nicht vergessen werden: Viele sind überaltert. Im Schnitt sind sie jetzt schon 24 Jahre alt. Das trifft auch auf amerikanische Anlagen zu. Sämtliche Reaktoren stammen aus den 60er- und 70er-Jahren. Seit dem Störfall im Kraftwerk "Three Mile Island" in Pennsylvania sind keine neuen Meiler mehr gebaut worden. In diesem Kernkraftwerk ereignete sich im März 1979 ein ernster Unfall, als es in einem Reaktorblock zu einer teilweisen Kernschmelze kam, in deren Verlauf ca. ein Drittel des Reaktorkerns fragmentiert wurde oder schmolz. Im November 2009 kam es wegen Wartungsarbeiten zu einer Freisetzung von Radioaktivität, bei der mehrere Mitarbeiter leicht verstrahlt wurden. Das Projekt Watts-Bar 2 befindet sich als beinahe never-ending-story seit 1972 in Bau. Ab 2013 soll endlich Strom ins Netz gespeist werden. (6)

Und so wird trotz etwaigem Bauboom die Zahl der Reaktoren in den nächsten Jahren sogar schrumpfen. Zu diesem Ergebnis kommt eine Studie des Schweizer Prognos Instituts. Zwar gebe es eine hohe Zahl von Neubauvorhaben, doch Prognos nimmt an, dass höchstens ein Drittel realisiert wird (kein Geld oder politische Instabilität). Die derzeit (2009) im Bau stehenden 37 Reaktoren werden nicht als ausreichender Ersatz für die demnächst altersbedingten Abschaltungen angesehen. Bis 2030 erwartet die Experten keine Renaissance der Kernenergienutzung, sondern vielmehr einen Rückgang der Zahl der weltweit betriebenen Kernkraftwerke um fast 30 Prozent. (7)

Fallbeispiele

Frankreichs führender Atomkraftwerksbauer und Brennmateriallieferant ist **Areva**. Areva und EDF streiten sich seit Jahren um die Vorherrschaft in Sachen Atomwirtschaft. Areva war 2001 aus der Fusion des Reaktoranbieters Framatome und des atomaren Brennstoffkonzerns Cogema entstanden. Der französische Staat hat in Areva seine Nuklearaktivitäten eingebracht, von Uranminen über den Kernkraftwerksbau bis hin zu Herstellung und Aufbereitung von Brennelementen. Areva-Chefin Anne Lauvergeon versucht nun, die französische Nukleartechnik, vor allem den EPR-Reaktor, ins Ausland zu exportieren - und macht damit EDF Konkurrenz. (9)

Electricité de France (EDF) ist nach Eon die Nummer zwei unter Europas Stromanbietern. Der

Konzern setzt auf Atomkraft. EDF betreibt in Frankreich und im Ausland Kernkraftwerke, ist aber auch einer der wenigen Versorger, der sich zunehmend selbst im Bereich Kernkraftwerksbau engagiert. Mit Henri Proglio steht seit kurzem ein Sarkozy-Vertrauter an der Spitze. Er will EDF zum Führer der französischen Atomwirtschaft ausbauen. Zu schön wäre es, könnte er das Rad zurück drehen und Areva wieder in der Rolle eines Zulieferers sehen.

Nach der Fusion der beiden französischen Energieversorger **Gaz de France (GDF) und Suez** entstand 2008 der weltweit drittgrößte Energieversorger und Frankreichs Nummer Eins auf dem Gasmarkt.

Der weltweit größte Hersteller von Kernkraftwerken ist seit 2006 der japanische Konzern **Toshiba**. Am 6. Februar 2006 unterzeichnete Toshiba mit dem staatseigenen britischen Konzern British Nuclear Fuels plc. einen Vertrag, nachdem Toshiba für 5,4 Milliarden US-Dollar die BNFL USA Group Inc. und die Westinghouse Electric UK Limited und damit die Nuklearsparte von BNFL zu 100 Prozent erwarb. Weitere Kraftwerksbauer sind Konzerne wie General Electric (GE) und Hitachi, Westinghouse, Areva und Alstom, ABB und Siemens.

Zahlen & Fakten

Abbildung 1: Top Länder nach Nuklearstromproduktion 2008

Land	Nuklearstromproduktion[1]	
	in Milliarden kWh*	Anteil am Stromangebot[2] in Prozent
China	65,30	2,20
Russland	152,10	16,90
Südkorea	144,30	35,60
Indien	13,20	2,00
Japan	240,50	24,90
Frankreich	**418,30**	**76,20**
Finnland	22,00	29,70
Kanada	88,60	14,80
USA	809,00	19,70
Iran	0,00	0,00
Slowakei	15,50	56,40
Argentinien	6,80	6,20
Pakistan	1,70	1,90
Andere Länder	623,70	k.A.
Welt	**2.601,00**	**15,00**

*kWh = Kilowattstunden
[1] 2008
[2] Stand: 1.5.2009

Quelle: WNA, IAEA Entnommen aus: Wirtschaftswoche, 23/2009, S. 99

Abbildung 2: Top Länder nach Anzahl und Leistung von Atomreaktoren 2009

Land	Reaktoren...							
	...in Betrieb		...im Bau		...in Planung		...beabsichtigt	
	Anzahl	Leistung (MWe*)	Anzahl	Leistung (MWe*)	Anzahl	Leistung (MWe*)	Anzahl	Leistung (MWe*)
China	11	8.587	12	12.100	33	35.320	80	94.000
Russland	31	21.743	8	5.980	8	9.360	28	25.880
Südkorea	20	17.716	5	5.350	7	9.450	0	0
Indien	17	3.779	6	2.976	10	9.760	15	11.200
Japan	53	46.236	2	2.285	13	17.915	1	1.300
Frankreich	**59**	**64.473**	**1**	**1.630**	**1**	**1.630**	**1**	**1.630**
Finnland	4	2.696	1	1.600	0	0	1	1.000
Kanada	18	12.652	2	1.500	3	3.300	6	6.600
USA	104	101.119	1	1.180	11	13.800	20	26.000
Iran	0	0	1	915	2	1.900	1	300
Slowakei	4	1.688	2	840	0	0	1	1.200
Argentinien	2	935	1	692	1	740	1	740
Pakistan	2	400	1	300	2	600	2	2.000
Andere Länder	111	91.196	0	0	27	27.370	119	128.555
Welt	**436**	**372.220**	**45**	**39.948**	**112**	**131.145**	**276**	**299.405**

*MWe = Megawatt elektrisch

Quelle: WNA, IAEA Entnommen aus: Wirtschaftswoche, 23/2009, S. 99

Weiterführende Literatur

(1) Frankreich braucht Strom aus Deutschland aus Frankfurter Allgemeine Zeitung, 30.11.2009, Nr. 278, S. 15

(2) Eon will Frankreichs Strommarkt knacken aus Handelsblatt Nr. 231 vom 30.11.2009 Seite 1

(3) Noch mehr Champions
aus Handelsblatt Nr. 233 vom 02.12.2009 Seite 34

(4) Mehr Konkurrenz für EDF
aus Handelsblatt Nr. 224 vom 19.11.2009 Seite 26

(5) EU bricht Frankreichs Gasmarkt auf
aus Handelsblatt Nr. 235 vom 04.12.2009 Seite 30

(6) Dornröschen erwache
aus Handelsblatt Nr. 226 vom 23.11.2009 Seite 6

(7) Die Mär von der Renaissance
aus Süddeutsche Zeitung, 14.10.2009, Ausgabe Deutschland, Bayern, München, S. 2

(8) Siemens gibt Sarkozy für neue Atomdeals einen Korb
aus Handelsblatt Nr. 243 vom 16.12.2009 Seite 23

(9) Versorger EDF streitet mit Areva um Atomkompetenz
aus Handelsblatt Nr. 224 vom 19.11.2009 Seite 23

Impressum

Frankreichs Energiemarkt - Ohne Kernenergie wäre der Winter frostig

Bibliografische Information der deutschen Nationalbibliothek

Die Deutsche Nationalbibliothek verzeichnet diese Publikation in der deutschen Nationalbibliografie; detaillierte bibliografische Daten sind im Internet über http://dnb.d-nb.de abrufbar.

ISBN: 978-3-7379-2366-8

© 2015 GBI-Genios Deutsche Wirtschaftsdatenbank GmbH, Freischützstraße 96, 81927 München, www.genios.de

Alle Rechte vorbehalten. Dieses Werk ist einschließlich aller seiner Teile – z.B. Texte, Tabellen und Grafiken - urheberrechtlich geschützt. Jede Verwertung außerhalb der Grenzen des Urheberrechtsgesetzes bedarf der vorherigen Zustimmung des Verlags. Dies gilt insbesondere auch für auszugsweise Nachdrucke, fotomechanische

Vervielfältigungen (Fotokopie/Mikroskopie), Übersetzungen, Auswertungen durch Datenbanken oder ähnliche Einrichtungen und die Einspeicherung und Verarbeitung in elektronischen Systemen.